EXPOSITION UNIVERSELLE DE VIENNE

DE 1873

LISTE

DES OBJETS EXPOSÉS

PAR

LA VILLE DE PARIS

PARIS.

IMPRIMERIE NATIONALE

M DCCC LXXIII.

LISTE

DES OBJETS EXPOSÉS

A VIENNE

PAR

LA VILLE DE PARIS.

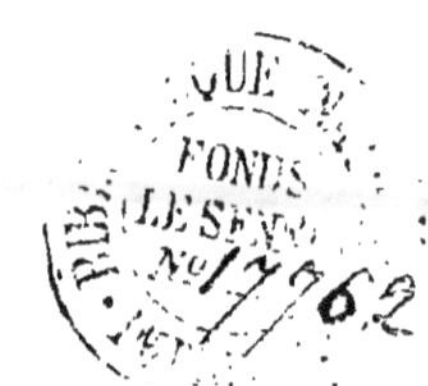

EXPOSITION UNIVERSELLE DE VIENNE

EN 1873.

LISTE

DES OBJETS EXPOSÉS

PAR

LA VILLE DE PARIS.

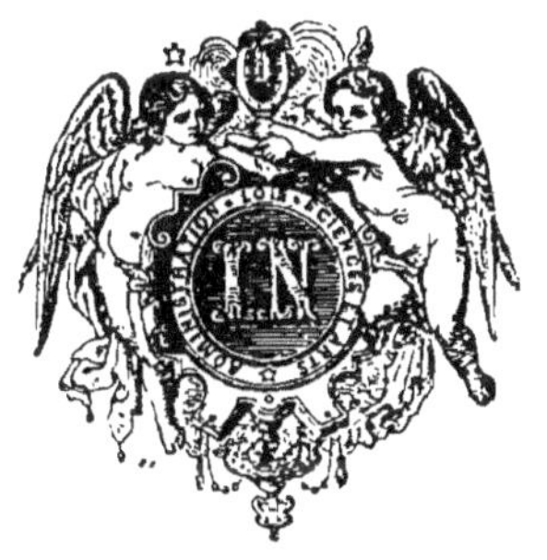

PARIS.

IMPRIMERIE NATIONALE.

M DCCC LXXIII.

EXPOSITION UNIVERSELLE DE VIENNE.

1873.

VILLE DE PARIS.

M. CALMON (✿),

Membre de l'Institut, Préfet.

COMMISSION

CHARGÉE D'ORGANISER LA PARTICIPATION

DE LA VILLE DE PARIS

À L'EXPOSITION UNIVERSELLE DE VIENNE

(AUTRICHE).

M. CALMON ✤, Préfet de la Seine, membre de l'Institut, Président.

MM. ALPHAND, C. ✤, inspecteur général des Ponts et et Chaussées, directeur des Travaux de Paris;

BAILLY, O. ✤, inspecteur général honoraire du service d'Architecture;

BALTARD, O. ✤, membre de l'Institut, ancien directeur du service d'Architecture;

BELGRAND, C. ✤, membre de l'Institut, inspecteur général des Ponts et Chaussées, directeur du service des Eaux et des Égouts;

DUC, C. ✤, membre de l'Institut, inspecteur général honoraire du service d'Architecture;

GRÉARD, O. ✤, inspecteur général de l'Instruc-

1 . .

tion publique, directeur de l'Instruction primaire;

HUSSON, C. ✠, membre de l'Institut, ancien directeur de l'Assistance publique à Paris;

HUBERT, chef de la division de la Voirie;

MARGUERIN ✠, administrateur délégué près les Écoles supérieures de la Ville de Paris;

MENSAT, chef de la division d'Architecture;

MICHAUX ✠, chef de la division des Beaux-Arts;

TISSERAND, chef du bureau des Beaux-Arts et des Travaux historiques, Secrétaire.

ORGANISATEURS DÉLÉGUÉS.

MM. MICHAUX ✠, chef de la division des Beaux-Arts, membre du Jury international des récompenses, chargé de l'organisation générale de l'exposition de la Ville de Paris;

DAVIOUD ✠, inspecteur général des travaux d'Architecture, chargé des travaux d'installation;

BOUVARD, architecte-inspecteur, chargé des travaux d'installation.

DIRECTION

DES

TRAVAUX DE PARIS.

M. ALPHAND (C. ✳),

Inspecteur général des Ponts et Chaussées,

Directeur.

SERVICE

DU PLAN DE PARIS.

COLLABORATEURS ACTUELS :

M. DUCHESNE, chef du service.

M. FAUVE, géomètre en chef.

M. WUHRER, graveur.

PLANS DE PARIS,

échelle de $\frac{1}{5000}$.

I.

Plan lavé tendu sur châssis comprenant les bois de Boulogne et de Vincennes.

Ce plan indique par des lisérés au carmin la division par arrondissements et par quartiers, et par des teintes jaune pâle les opérations de voirie devant compléter le réseau des grands percements projetés.

2.

Même plan non teinté, en atlas.

3.

Plan rétrospectif tendu sur châssis (périmètre restreint à la ville seule).

Ce plan indique par des teintes jaunes et par lisérés rouges les percements exécutés dans Paris depuis vingt-trois ans, et par des teintes rouges les monuments et établissements publics construits dans la même période.

4.

Atlas du plan de Paris par arrondissements.

Plan chromo-lithographié, obtenu au moyen de report.

5.

Plan de Paris au $\frac{1}{10,000}$.

Réduction du plan au $\frac{1}{50,000}$.

NOTA.

Les plans ci-dessus résument les travaux des géomètres du service du plan de Paris. Ils ont été exécutés sous la direction de M. E. DESCHAMPS, chef du service, par les soins de MM. DE LUCENAY, ROSS, CHEVIGNY, géomètres triangulateurs; BERGER, MOUTRY, PICARD, DOBRÉ et POZIER, géomètres en chef des brigades topographiques, et M. FAUVE, géomètre en chef de la brigade intérieure, chargé de la réduction. MM. AVRIL frères en ont exécuté la gravure sur pierre. Le frontispice a été dessiné et gravé sur acier par M. SAUVAGEOT.

VOIE PUBLIQUE. — VOIRIE.

SERVICE VICINAL.

—

M. HUBERT, chef de division.
M. JARRY, chef de division.

—

6.

PONT

DU BOULEVARD DE PORT-ROYAL,

AU-DESSUS DE LA RUE DE LOURCINE.

Modèle.

—

AUTEURS :

MM. Vaissière ✠, ingénieur en chef.
Buffet ✠, ingénieur ordinaire.
Joret, constructeur.

7.

PONT
DU BOULEVARD DE PORT-ROYAL,
AU-DESSUS DE LA RUE DE LOURCINE.

Dessin.

AUTEURS :

MM. Vaissière ✠, ingénieur en chef.
Buffet ✠, ingénieur ordinaire.
Joret, constructeur.

8.

MACHINE BALAYEUSE.

Spécimen.

AUTEURS :

MM. Vaissière ✠, ingénieur en chef.
Grégoire ✠, ingénieur ordinaire.
Blot, constructeur et inventeur.

9.

CYLINDRE COMPRESSEUR À VAPEUR,

exécuté au $\frac{1}{10}$.

AUTEURS :

MM. VAISSIÈRE ✲, ingénieur en chef.

ALLARD ✲, ingénieur ordinaire.

GELLERAT, constructeur et inventeur.

10.

PONTS

DE BILLANCOURT ET DE COURBEVOIE.

Albums.

AUTEUR DU PROJET :

M. LEGRAND, ingénieur civil.

COLLABORATEUR :

M. BELLOM ✲, agent voyer en chef du département de
la Seine.

11.

PONT DE SURESNES,

EN CONSTRUCTION SUR LA SEINE.

Modèle en relief.

———

AUTEUR DU PROJET :

M. LEGRAND, ingénieur civil.

COLLABORATEUR :

M. DE FONTANGES ✠ , ingénieur des Ponts et Chaussées.

———

12.

Cinq photographies dans un cadre.

1° PONTS DE BILLANCOURT. 2 projets : grand et petit
   bras de la Seine.

2° PONT DE CHENNEVIÈRES (sur la Marne).

3° PONT DE COURBEVOIE.... { Montage du pont.
                            { Élévation générale.
                            { Dessous du pont.

AUTEUR DES PROJETS :

M. LEGRAND, ingénieur civil.

COLLABORATEURS :

MM. DE FONTANGES ✠ . . . . ⎱   Ingénieurs
PHILIPPE . . . . ⎰ des Ponts et Chaussées.

13.

PONTS CONSTRUITS EN FRANCE
PAR LE SERVICE VICINAL.

Nomenclature.

AUTEUR :

M. LEGRAND, ingénieur civil.

SERVICE

DES

PROMENADES ET PLANTATIONS.

M. HUBERT, chef de division.

14.

PROMENADES DE PARIS.

2 volumes.

AUTEUR :

M. ALPHAND, C. ✣, inspecteur général des Ponts et Chaussées, directeur des travaux de Paris.

COLLABORATEURS :

MM. DARCEL ✣, ingénieur en chef du service des promenades.

GRÉGOIRE ✣, ingénieur ordinaire du service des promenades.

DAVIOUD ✠, architecte en chef des promenades de Paris.

BARILLET ✠, jardinier en chef des promenades de Paris.

HOCHEREAU ✠, architecte inspecteur des promenades de Paris.

J. ROTHSCHILD, éditeur.

* * *

15.

Quinze planches dans un seul cadre.

1° TITRE DE L'OUVRAGE : Les Promenades de Paris, par M. ALPHAND, C. ✠, inspecteur général des Ponts et Chaussées, directeur des travaux de Paris.

2° PLANS GÉNÉRAUX : Le Bois de Vincennes. — Les Champs-Élysées. — Les Buttes Chaumont.

3° ARCHITECTURE : Café restaurant aux Buttes Chaumont. — Porte Dauphine. — Tribunes de Longchamp. — Kiosque de l'Empereur. — Grilles du parc Monceau. — Grilles des squares de la Trinité et de Montholon.

4° VUES PITTORESQUES. Vue du square de la Trinité. Avenue Daumesnil.

5° CHROMOLITHOGRAPHIES : Begonia rex Solanum. — Warscenwiczii.

SERVICE

DES

TRAVAUX D'ARCHITECTURE.

M. MENSAT, chef de division.

16.

PALAIS DE JUSTICE.

**Deux plans, coupe, élévation et diverses vues
photographiques.**

AUTEURS DES PROJETS :

MM. Duc (Joseph-Louis), architecte en chef; prix de
Rome, 1825; ✠ 1840; méd. 1ʳᵉ cl. 1855; O. ✠
1862; membre de l'Institut, 1866; grand prix
de l'Empereur, 1869 (décret du 12 août 1864);
C. ✠, 1870.

Dommey, architecte en chef (décédé).

Daumet (Pierre-Jérôme-Honoré), architecte ordinaire ; prix de Rome, 1855 ; ✠ 1865 ; méd. 3ᵉ cl. 1867 (E. U.).

COLLABORATEURS :

MM. Lassus (décédé)............
Lenoir (Albert)............
Godebeuf............
Galand............
Lebouteux............
Bonnet............ } inspecteurs.
Guillaume............
Ollier (décédé)............
D'Herbecourt............
Chaudet............

MM. Lehmann, membre de l'Institut
Bonnat............ } artistes peintres.
Ulmann............
Lefebvre............

MM. Dumont, membre de l'Institut
Jouffroy, *id*............
Jaley, *id*............
Lemaire, *id*............ } statuaires.
Duret, *id*............
Perraud, *id*............
Toussaint (décédé)............
Gumery, *id*............

M. Denuelle, artiste décorateur.

17.

TRIBUNAL DE COMMERCE.

Deux plans, coupe, élévation, diverses vues.

AUTEUR DU PROJET :

M. BAILLY (Antoine-Nicolas), architecte en chef: ✠ 1853; O. ✠ 1868.

COLLABORATEURS :

MM. LAISNÉ.................⎱ inspecteurs.
    HERMANT.................⎰

MM. ROBERT-FLEURY, m^{bre} de l'Inst...⎫
    JOBBÉ-DUVAL...............⎪
    DENUELLE................⎬ artistes peintres.
    COLLIGNON...............⎪
    CHAUVIN.................⎭

MM. CHEVALIER...............⎫
    SALMSON................⎪
    ÉLIAS ROBERT.............⎪
    EUDES..................⎪
    CARRIER-BELLEUSE..........⎬ statuaires.
    PASCAL (Michel)............⎪
    CHAPU..................⎪
    CABET..................⎪
    MAINDRON................⎭

18.

PRISON DE LA SANTÉ.

Deux plans, coupe, élévation, diverses vues.

AUTEUR DU PROJET :

M. VAUDREMER (Joseph-Auguste-Émile), architecte;
prix de Rome, 1854; méd. 1865; ✠ 1867.

COLLABORATEURS :

MM. THOMAS . . . . } inspecteurs.
AUBURTIN . . . . }

19.

CASERNE DE LA CITÉ.

Deux plans, coupe, élévation et diverses vues.

AUTEUR DU PROJET :

M. CAILLAT (Victor), architecte; ✠ 1847.

COLLABORATEURS :

M. CERNESSON, inspecteur.

MM. MAINDRON . . . . } statuaires.
LEBOEUF . . . . }

20.

ÉGLISE SAINT-AMBROISE.

Plan, coupe, élévation et monographie.

AUTEUR DU PROJET :

M. BALLU (Théodore), architecte; prix de Rome, 1840; ✠, 1857; O. ✠ 1869; membre de l'Institut. 1872.

COLLABORATEURS :

MM. DEPERTHES.................⎫
    PICQ.......................⎬ inspecteurs.
    GION.......................⎭

M. LENEPVEU, peintre, membre de l'Institut.

M. OURI, artiste décorateur.

M. DEVERS, peintre sur émail.

M. SOULACROIX, cartons desdites peintures.

MM. OUDINÉ...................⎫
    LOISON....................⎪
    CHATROUSSE................⎪
    CAMBOS....................⎬ statuaires.
    TALUET....................⎪
    JACQUEMART................⎪
    TRAVAUX...................⎭

M. MARÉCHAL (de Metz), vitraux.

21.

ÉGLISE SAINT-AUGUSTIN.

Plan, coupe, élévation et dessins divers.

AUTEUR DU PROJET :

M. BALTARD (Victor), architecte; prix de Rome 1833; ✠ 1854; méd. 2ᵉ cl. 1855; O. ✠ 1863; membre de l'Institut, 1863.

COLLABORATEURS :

MM. TRAIN...................... \
    RADIGON..................... \
    CAPITAINE................... } inspecteurs. \
    LHEUREUX................... \
    ROGER......................

MM. BEZARD...................... \
    SIGNOL, de l'Institut......... \
    BOUGUEREAU................ } artistes peintres. \
    BRISSET..................... \
    Paul BALZE.................

M. DENUELLE, artiste décorateur.

MM. JOUFFROY, membre de l'Institut \
    JALEY, *id*.................. \
    CAVELIER, *id*.............. } statuaires. \
    SCHRODER..................

MM. Carrier-Belleuse...........
    Cordier................
    Jacquemart.............
    Millet................
    Gilbert...............
    Schoenewerk............
    Travaux...............
    Perrey................
    Farochon..............
    Chardigny.............   } statuaires.
    Ottin.................
    Despréz...............
    Brunet................
    Taluet................
    Lepère................
    Bonnassieux, memb. de l'Inst.
    Lequesne..............
    Chambard..............
    Gruyère...............
    Leharivel.............

MM. Maréchal (de Metz)..........
    Ch. Lavergne............   } vitraux.
    Oudinot...............
    Nicod.................

22.

ÉGLISE SAINT-BERNARD.

Plan, coupe, élévation.

AUTEUR DU PROJET :

M. MAGNE (Auguste-Joseph), architecte; méd. 3e cl. 1845; ✳ 1862.

COLLABORATEURS :

MM. MARGUERIE.................⎫
    LOUSTAU..................⎬ artistes peintres.
    VIBERT...................⎭

MM. LAURENT-GSELL............⎫
    OUDINOT..................⎬ vitraux.

MM. PERREY, père..............⎫
    GEOFFROY DE CHAUME.......⎬ statuaires.
    MICHEL PASCAL............⎭

23.

ÉGLISE SAINT-FRANÇOIS-XAVIER.

Plan, coupe, élévation.

AUTEURS DU PROJET :

Commencé par M. LUSSON, architecte.

Continué par M. Uchard (Toussaint-François-Joseph):
prix de Rome, 1833; ✣ 1861.

COLLABORATEURS :

M. Faure, inspecteur.

MM. Bonassieux, de l'Institut.....
    Thomas....................
    Falguière................ } statuaires.
    Sanson....................
    Franceschi................
Madame Bertaux................

MM. Romain Cazes............
    Delaunay.................. } artistes peintres.
    Jules Lefebvre............

M. Denuelle, artiste décorateur.

MM. Maréchal.................
    Ottin..................... } vitraux.

24.

ÉGLISE SAINT-JOSEPH.

Plan, coupe, élévation.

AUTEUR DU PROJET :

M. Ballu (Théodore), architecte; prix de Rome. 1840;
✣ 1857; O. ✣ 1869; membre de l'Institut.

COLLABORATEURS :

M. SALARD, inspecteur.

MM. PICHON.....................⎫
    Savinien PETIT.............⎭ artistes peintres.

M. Paul BALZE, peintre sur émail.

M. OUDINOT, vitraux.

MM. MAILLET....................⎫
    BAUJAUT....................⎬ statuaires.
    MOREAU-VAUTHIER............⎭

25.

ÉGLISE SAINT-LAURENT.

Façade et flèche.

AUTEUR DU PROJET :

M. DUFEUX (Constant), architecte (décédé).

COLLABORATEURS :

M. AUBURTIN, inspecteur.

Madame BERTAUX.................⎫
MM. LEVEEL....................⎪
    DANTAN (ainé)..............⎬ statuaires.
    FULCONIS...................⎭

MM. Gruyère..........................⎫
Perrey, père.........................⎪
Courtet.............................⎬ statuaires.
Geoffroy de Chaume..................⎭

M. Paul Balze, peintre sur émail.

26.

ÉGLISE NOTRE-DAME. DE CLIGNANCOURT.

Plan, coupe, élévation.

AUTEUR DU PROJET :

M. Lequeux (Paul-Eugène), architecte; prix de Rome,
1834; ✠ 1859.

COLLABORATEURS :

M. Dodin, inspecteur.

MM. Romain Cazes.....................⎫
Dumas............................⎪
Émile Lafon......................⎬ artistes peintres.
Nélie Jacquemart.................⎭

MM. Schroder.......................⎫
Ottin............................⎬ sculpteurs.
Lepère...........................⎭

M. Denuelle, artiste décorateur.

27.

ÉGLISE NOTRE-DAME-DE-LA-CROIX.

Plan, coupe, élévation.

AUTEUR DU PROJET :

M. HÉRET, architecte.

COLLABORATEURS :

M. DIONIS DU SÉJOUR, inspecteur.

MM. BARTHÉLEMY..................⎫
    CHAMBARD...................⎬ statuaires.
    LEENHOFF...................⎪
    DENECHEAU..................⎭

28.

ÉGLISE NOTRE-DAME-DES-CHAMPS.

Plan, coupe, élévation.

AUTEUR DU PROJET :

M. GINAIN (Paul-René-Léon), architecte; prix de Rome.
1852.

COLLABORATEUR :

M. DUPRÉ, inspecteur.

29.

ÉGLISE SAINT-PIERRE DE MONTROUGE.

Plan, coupe, élévation, diverses vues.

AUTEUR DU PROJET :

M. VAUDREMER (Joseph-Auguste-Émile), architecte; prix de Rome, 1854; méd. 1855, ✻ 1867.

COLLABORATEURS :

M. NOGUET, inspecteur.

MM. LEHARIVEL.................⎫
MANIGLIER.................⎭ statuaires.

30.

ÉGLISE DE LA TRINITÉ.

Plan, coupe, élévation, diverses vues, monographie et modèle.

AUTEUR DU PROJET :

M. BALLU (Théodore), architecte; prix de Rome, 1840; ✻ 1857; O. ✻ 1869; membre de l'Institut.

COLLABORATEURS :

MM. ROGUET.................⎫
LORAIN.................⎭ inspecteurs.

EM. DURET, membre de l'Institut...
    CAVELIER, *id*.............
    MAILLET.................
    CRAUCK..................
    CARPEAUX................
    GUILLAUME, memb. de l'Institut
    LOISON..................
    VITAL-DUBRAY............
    MANIGLIER...............
    MOREAU..................
    DOUBLEMARD..............
    AIZELIN.................
    CUGNOT..................
    GAUTHIER................
    GILBERT.................
    FESQUET.................   statuaires.
    LEBOURG.................
    HÉBERT..................
    TRUPHÊME................
    VARNIER.................
    FRISON..................
    E. THOMAS...............
    CHATROUSSE..............
    LESCORNÉ................
    DANTAN (jeune)..........
    BOSIO...................
    DEMESMAY................
    DENECHEAU...............
    GUMERY..................
    Paul DUBOIS.............

MM. BARRIAS..............................
  JOBBÉ-DUVAL..........................
  LÉVY.................................. } artistes peintres.
  DELAUNAY..............................
MM. OUDINOT.............................. } vitraux.
  NICOD.................................

M. Paul BALZE, peintre sur émail.

M. DENUELLE, peintre décorateur.

31.

SYNAGOGUE, RUE DE LA VICTOIRE.

Plan, coupe, élévation.

AUTEUR DU PROJET :

M. ALDROPHE (Alfred-Philibert), architecte; ✠ 1863;
O. ✠ 1867.

COLLABORATEUR :

M. EYERRE, inspecteur.

32.

TEMPLE DE GRENELLE.

Plan, coupe, élévation.

AUTEUR DU PROJET :

M. GODEBEUF (Eugène), architecte; méd. 2ᵉ cl. 1851;
✠ 1858.

33.

SORBONNE.

Deux plans, coupe, élévation.

AUTEUR DU PROJET :

M. LHEUREUX, architecte.

34.

ÉCOLE DE MÉDECINE.

Deux plans, coupe, élévation.

AUTEUR DU PROJET :

M. GINAIN (Paul-René-Léon), architecte; prix de Rome,
1852.

35.

COLLÉGE CHAPTAL.

**.Deux plans, élévation, vue intérieure
et diverses vues.**

AUTEUR DU PROJET :

M. TRAIN, architecte.

COLLABORATEUR :

M. HUE, inspecteur.

36.

COLLÉGE ROLLIN.

Deux plans, coupe, élévation.

AUTEUR DU PROJET :

M. ROGER (Napoléon-Alexandre), architecte; ✚ 1852.

37.

LYCÉE SAINT-LOUIS.

FAÇADE.

AUTEUR DU PROJET :

M. BAILLY (Antoine-Nicolas), architecte; ✠ 1853; O. ✠ 1868.

38.

LYCÉE CONDORCET.

FAÇADE.

AUTEURS DU PROJET :

MM. DUC (Joseph-Louis), architecte; prix de Rome, 1825; ✠ 1840; méd. 1re cl. 1855; O. 1862; membre de l'Institut, 1866; grand prix de l'Empereur, 1869 (décret du 12 août 1864); C. ✠ 1870.

ROGER (Napoléon-Alexandre), architecte; ✠ 1852.

39.

ÉCOLE TURGOT.

Deux plans, coupe, élévation.

AUTEUR DU PROJET :

M. CHAT, architecte.

COLLABORATEUR :

M. MAILLET, artiste sculpteur.

40.

ÉCOLE COLBERT.

Deux plans, coupe, élévation.

AUTEUR DU PROJET :

M. VILLAIN (François-Alexandre), architecte; prix de
Rome, 1820.

COLLABORATEURS :

MM. LACOMBE, inspecteur.
    CONSANOVE, sculpteur d'ornement.

41.

ÉCOLE, RUE ÉBLÉ.

Plan, coupe, élévation.

AUTEUR DU PROJET :

M. HÉRARD (Louis-Pierre), architecte; méd. 3ᵉ cl. 1851.

42.

ÉCOLE, AVENUE DE LA MOTTE-PIQUET.

Plan, coupe, élévation.

AUTEUR DU PROJET :

M. FLAMENT, architecte.

43.

ÉCOLE, AVENUE DAUMESNIL,

IMPASSE BOUTON.

Plan, coupe, élévation.

AUTEUR DU PROJET :

M. CORDIER, architecte.

44.

ÉCOLE, RUE D'ALÉSIA.

Plan, coupe, élévation.

AUTEUR DU PROJET :

M. VAUDREMER (Joseph-Auguste-Émile); prix de Rome,
1854; méd. 1865; ✠ 1867.

45.

MAIRIE DU IIIe ARRONDISSEMENT.

Deux plans, coupe, élévation.

AUTEURS DU PROJET :

MM. CALLIAT (Victor), architecte; ✠ 1847.
CHAT, architecte.

COLLABORATEURS :

MM. IGNACE, inspecteur.
PASCAL. . . . . {
LAGRANGE . . . . } statuaires.

46.

MAIRIE DU IVᵉ ARRONDISSEMENT.

Deux plans, coupe, élévation et vues diverses.

AUTEUR DU PROJET :

M. Bailly (Antoine), architecte; ✤ 1853; O. ✤ 1868.

COLLABORATEURS :

MM. Laisné . . . . }
Dussourd . . . . } inspecteurs.

47.

MAIRIE DU XIᵉ ARRONDISSEMENT.

Deux plans, coupe, élévation, modèle en plâtre.

AUTEURS DU PROJET :

MM. Gancel, architecte.

Maniglier, statuaire.

COLLABORATEURS :

MM. Villain . . . . }
Hénard . . . . } inspecteurs.

48.

MAIRIE DU XVIe ARRONDISSEMENT.

Deux plans, coupe, élévation.

————

AUTEUR DU PROJET :

M. GODEBEUF (Eugène), architecte; méd. 2e cl. 1861;
✠ 1858.

COLLABORATEUR :

M. THIERRY, inspecteur.

————

49.

MAIRIE DU XXe ARRONDISSEMENT.

Deux plans, coupe, élévation.

————

AUTEUR DU PROJET :

M. SALLERON, architecte.

COLLABORATEUR :

M. BOUVARD, inspecteur.

————

50.

THÉÂTRE DU CHÂTELET.

**Deux plans, coupe, élévation, vues
et monographie.**

AUTEUR DU PROJET :

M. DAVIOUD (Gabriel-Jean-Antoine), architecte; ✿
1862.

COLLABORATEURS :

MM. RENAULT, inspecteur.

CHEVALIER . . . .)
ROBERT . . . . }
CHATROUSSE . . . . } statuaires.
SALMSON . . . .)

CAMBON, peintre décorateur.

51.

THÉÂTRE LYRIQUE.

**Deux plans, coupe, élévation, vues
et monographie.**

AUTEUR DU PROJET :

M. DAVIOUD (Gabriel-Jean-Antoine), architecte; ✿
1862.

COLLABORATEURS :

MM. Lucas, inspecteur.

Robert (Élias), statuaire.

Nolau.....................⎫
Rubé.....................⎬ peintres.
Cambon...................⎭

52.

THÉÂTRE DU VAUDEVILLE.

Deux plans, coupe, élévation, modèle en plâtre.

AUTEUR DU PROJET :

M. Magne (Auguste-Joseph), architecte; méd. 3ᵉ cl. 1845; ✠ 1862.

COLLABORATEURS :

MM. Monnier, inspecteur.

Oliva.....................⎫
Cordier...................⎪
Gilbert...................⎪
Salmson...................⎬ statuaires.
Chevalier.................⎪
Dubois-Davesnes...........⎪
Hébert (Émile)............⎭

MM. Mazerolles................\) peintres
    Foulouque................\) d'histoire.

    Rubé.....................\) peintres
    Chapron..................\) décorateurs.

53.

THÉÂTRE DE LA GAÎTÉ.

Plan, coupe, élévation.

AUTEUR DU PROJET :

M. Cusin, architecte.

COLLABORATEURS :

MM. Trilhe, inspecteur.

    Vital-Dubray ....\)
    Doublemart................\} sculpteurs.
    Godin....................\)

    Jobbé-Duval, peintre.

54.

ORPHÉON.

Plan, coupe, élévation, modèle.

AUTEUR DU PROJET :

M. DAVIOUD (Gabriel-Jean-Antoine), architecte; ✠
1862.

55.

HALLES CENTRALES.

Plan, élévation, vues.

AUTEUR DU PROJET:

M. BALTARD (Victor), architecte; prix de Rome, 1833;
✠ 1854; méd. 2ᵉ cl. 1855: O. ✠ 1863; membre
de l'Institut.

COLLABORATEURS :

MM. HUILLARD...................... ⎫
    RADIGON...................... ⎬ inspecteurs.
    PAPPERT...................... ⎪
    TOUCHARD...................... ⎭

56.

MARCHÉ DU TEMPLE.

Plan, élévation.

AUTEUR DU PROJET :

M. DE MÉRINDOL (Jules-Charles-Joseph), architecte :
✠ 1868.

57.

MARCHÉ DE LA PLACE D'ITALIE.

Plan, élévation.

AUTEUR DU PROJET :

M. DUBOIS, architecte.

58.

MARCHÉ D'EUROPE.

Plan, élévation.

AUTEUR DU PROJET :

M. DUBOIS, architecte.

59.

MARCHÉS ET ABATTOIRS
DE LA VILLETTE.

Plan, élévations, vues.

AUTEURS DU PROJET :

MM. BALTARD (Victor), architecte en chef; prix de Rome,
1833; ✣ 1854; méd. 2ᵉ cl. 1855; O. ✣ 1863;
membre de l'Institut, 1863.

JANVIER, architecte ordinaire, ✣ 1869.

COLLABORATEURS :

MM. LEROUX.................... ⎱
     LENFANT.. .... ⎰ inspecteurs.

60.

FONTAINES DU THÉÂTRE FRANÇAIS.

Plan, coupe, élévation et exécution.

AUTEUR DU PROJET :

M. DAVIOUD (Gabriel-Jean-Antoine), architecte; ✣
1862.

COLLABORATEURS :

MM. WILD, inspecteur.

CARRIER-BELLEUSE...........⎫
MOREAU (Mathurin).......... ⎬ statuaires.
EUDES...................... ⎮
GAUTHIER...................⎭

61.

FONTAINE SAINT-MICHEL.

Élévation, diverses vues.

AUTEUR DU PROJET :

M. DAVIOUD (Gabriel-Jean-Antoine), architecte; ☘
1862.

COLLABORATEURS :

MM. FLAMENT, inspecteur.

DURET.....................⎫
GUILLAUME................. ⎮
BARRE..................... ⎮
ÉLIAS ROBERT.............. ⎬ statuaires.
GUMERY.................... ⎮
JACQUEMART................ ⎮
A^te DE BAY............... ⎮
ROUILLARD.................⎭

3

62.

FONTAINE DU LUXEMBOURG.

Dessins. — Chevaux en bronze. — Motifs décoratifs. — Modèles en plâtre.

AUTEUR DU PROJET :

M. DAVIOUD ✠ (Gabriel-Jean-Antoine), architecte ; 1862.

COLLABORATEURS :

MM. FLAMENT, inspecteur.

CARPEAUX, } statuaires.
FRÉMIET, }

VILLEMINOT, sculpteur.

63.

MONOGRAPHIE

DE L'HÔTEL DE VILLE.

MM. CALLIAT ✠, architecte.
LE ROUX DE LINCY.

Photographies de l'escalier

de la cour centrale.

M. Baltard, O. ✠, membre de l'Institut, architecte.

64.

ORPHÉON.

Album des dessins du projet.

M. Davioud ✠, architecte.

65.

MONOGRAPHIE

DU THÉÂTRE LYRIQUE.

M. Davioud ✠, architecte.

66.

MONOGRAPHIE

DU THÉÂTRE DU CHÀTELET.

M. Davioud ✠, architecte.

67.

MONOGRAPHIE

DU THÉÂTRE DU VAUDEVILLE.

M. MAGNE ✿, architecte.

68.

MONOGRAPHIE

DE L'ÉGLISE SAINT-AMBROISE.

M. BALLU, O. ✿, de l'Institut, architecte.

69.

MONOGRAPHIE

DE L'ÉGLISE DE LA TRINITÉ.

M. BALLU, O. ✿, de l'Institut, architecte.

70.

MONOGRAPHIE

DU PALAIS DE JUSTICE.

M. DUC, C. ✿, de l'Institut, architecte.

71.

MONOGRAPHIE

DES HALLES CENTRALES.

M. Baltard, O. ✠, de l'Institut, architecte.

72.

CONCOURS

POUR

LA RECONSTRUCTION DE L'HÔTEL DE VILLE.

1° Projet de MM. Ballu et Deperthes, 1ᵉʳ prix.

Plans, coupes et élévations.

73.

2° Projets de MM.
{
Rouyer, 2ᵉ prix.
Davioud, 3ᵉ prix.
Vaudremer, 4ᵉ prix.
Magne, 5ᵉ prix.
Moyaux et Lafforgue, 6ᵉ prix.
}

**Photographies de deux plans
de la façade principale et d'une coupe.**

3.

74.

MONUMENT COMMÉMORATIF

À ÉRIGER

A L'ENTRÉE DES CATACOMBES, PLACE D'ENFER.

Plan, coupe, élévation.

M. Vaudremer ✳, architecte.

75.

TEMPLE ISRAÉLITE,

PLACE ROYALE ET RUE DES TOURNELLES.

Plans, coupe et façade.

M. Varcollier, architecte.

SERVICE
DES BEAUX-ARTS.

M. MICHAUX ✠, chef de division.

PEINTURE.

Tableaux, Dessins, Aquarelles, Photographies, Vitraux.

BARRIAS (Félix-Joseph), prix de Rome, 1844; méd. 3ᵉ cl. 1847, 1ʳᵉ cl. 1851, 2ᵉ cl. 1855; ✠ 1859.

76.

1° LES PÈRES DE L'ÉGLISE (pénétrations de la voûte, côté droit).

77.

2° LA SAINTE TRINITÉ, tympan du fond du chœur. Esquisses peintes (église de la Trinité).

BELLEL (Jean-Joseph), méd. 1re cl. 1848 ; ✠ 1860.

78.

1° Bords de la Marne à Champigny.

79.

2° Vue prise à Arcueil.

> Esquisses peintes. Galerie du secrétariat général (Hôtel de Ville).

———

BEZARD (Jean-Louis), prix de Rome, 1829 ; méd. 1re cl. 1836, rapp. 1857 et 1859 ; ✠ 1860.

80.

1° Les trois Vertus théologales, esquisse peinte (église Sainte-Élisabeth).

81.

2° Dix-huit Photographies. Décoration de la coupole (église Saint-Augustin).

———

BIENNOURY (Victor-François-Éloi), prix de Rome. 1842 ; méd. 1864.

82.

Quatre Photographies. Décoration de la chapelle Saint-Pierre (église Saint-Séverin).

———

BOHN (Guermann), méd. 3ᵉ cl. 1844, 2ᵉ cl. 1849; ✱ 1852.

83.

La Religion, esquisse peinte (église Sainte-Élisabeth).

———

BONNAT (Léon-Joseph-Florentin), 2ᵉ méd. 1861, rapp. 1863, 2ᵉ méd. 1867 (E. U.); ✱ 1867; méd. d'honneur, 1869.

84.

Saint Vincent de Paul prenant la place d'un galérien, tableau (église Saint-Nicolas-des-Champs).

———

BOUGUEREAU (William-Adolphe), prix de Rome, 1850; méd. 2ᵉ cl. 1855, 1ʳᵉ cl. 1857; ✱ 1859; méd. 3ᵉ cl. 1867 (E. U.).

85.

Six Photographies d'après des peintures murales (église Saint-Augustin).

———

BRÉMOND (Feu Jean-François), méd. 2ᵉ cl. 1833, rapp.
1863.

86.

1° CARTON (crayon rouge et pastel), comprenant deux
frises (ADORATION DES MAGES).

87.

2° CARTON (crayon rouge et pastel), comprenant deux
frises (ENTRÉE DE JÉSUS À JÉRUSALEM).

88.

3° CARTON (crayon rouge et pastel), comprenant deux
frises (JÉSUS BÉNIT LES ENFANTS, LA CÈNE).

89.

4° CARTON (crayon rouge et pastel), comprenant deux
frises (JÉSUS REMET LES CLEFS À SAINT PIERRE,
LA PENTECÔTE).

90.

5° CARTON (pastel), représentant des Prophètes et des
Anges pour pendentifs.

91.

6° CARTON (pastel), représentant des Prophètes et des
Anges pour pendentifs.

92.

7° UN FUSAIN, la RÉSURRECTION DE LAZARE.

93.

8° Un fusain, Prédication de saint Paul.

94.

9° Un fusain, Jésus apparaît à deux disciples après
   sa résurrection.

95.

10° Un fusain, Jésus guérit un aveugle.

96.

11° Un fusain, le Bon Samaritain.
   (Église de la Villette).

———

BRUNE (Adolphe), méd. 2ᵉ cl. 1834, 1ʳᵉ cl. 1838 et 1848;
   ✠ 1861.

97.

Présentation de la tête de saint Jean-Baptiste à
   Salomé.
   Photographie d'après une peinture exécutée dans
   la chapelle de Saint-Jean-Baptiste (église Saint-
   Gervais).

———

CAZES (Romain), méd. 3ᵉ cl. 1839, rapp. 1863; ✠
   1870.

98, 99.

1° Deux fusains. Chapelle du Sacré-Cœur (église de la
   Trinité).

100.

2° La Mission des Apôtres, esquisse peinte (église Saint-François-Xavier).

CORNU (Feu Sébastien-Melchior), méd. 3ᵉ cl. 1838, 2ᵉ cl. 1841, 1ʳᵉ cl. 1845; ✠ 1859; O. ✠ 1862.

101.

1° La Vierge consolatrice des Affligés.

102.

2° Descente de croix.

Esquisses peintes (chapelle de la Compassion, église Saint-Roch).

103.

3° Décoration de la Chapelle Saint-Séverin (église Saint-Séverin). Deux photographies.

DAUBAN (Jules-Joseph), méd. 1864; ✠ 1868.

104.

1° Vision de Marie Alacoque.

2° Résurrection de Lazare.

Photographies d'après les peintures exécutées

dans la chapelle du Sacré-Cœur (église Saint-
Bernard).

———————

DELACROIX (Eugène), mort en 1863 (membre de l'Institut), C. ✶.

105.

Trois photographies d'après les peintures exécutées
dans la chapelle des Saints-Anges (église Saint-
Sulpice).

———————

DENUELLE (Alexandre-Dominique), méd. 3ᵉ cl. 1844,
2ᵉ cl. 1849 et 1855, rapp. 1859; ✶ 1859.

106.

1° Projet de décoration du foyer (Théâtre Lyrique).
M. Davioud, architecte.

107.

2° Projet de décoration du plafond de la grande
salle (Tribunal de Commerce). M. Bailly, architecte.

108.

3° Projet de décoration de la salle du Conseil (Palais de Justice).

109.

4° PROJET DE DÉCORATION DU PLAFOND DE LADITE SALLE (Palais de Justice). M. DUC, architecte.

110.

5° PROJET DE DÉCORATION DE LA SALLE DES ASSISES.

111.

6° PROJET DE DÉCORATION DU PLAFOND DE LADITE SALLE (Palais de Justice). M. DUC, architecte.

112.

7° PROJET DE DÉCORATION DU PLAFOND DE LA COUR DE CASSATION. M. DUC, architecte.

113.

8° PROJET DE DÉCORATION DE LA CHAPELLE SAINT-FRANÇOIS-XAVIER (église Saint-Sulpice).

114.

9° PROJET DE DÉCORATION DE LA CHAPELLE SAINT-FRANÇOIS-DE-SALES (église Saint-Sulpice). M. BALTARD, architecte.

115.

10° PROJET DE DÉCORATION DE LA CHAPELLE DE LA VIERGE (église de la Trinité). M. BALLU, architecte; M. DELAUNAY, peintre d'histoire; M. OUDINOT, peintre-verrier.

DESGOFFE (Alexandre), méd. 3ᵉ cl. 1842, 2ᵉ cl. 1843,
1ʳᵉ cl. 1845, 2ᵉ cl. 1848, rapp. 1ʳᵉ cl. 1857; ✠ 1857.

116.

1° VUE DE CHÂTILLON-CLAMART.

117.

2° VUE DE SCEAUX-AULNAY.

> Esquisses peintes (galerie du Secrétariat, Hôtel
> de Ville).

118.

3° LE BAPTÈME DU CHRIST, esquisse peinte (église Saint-
Pierre-du-Gros-Caillou).

DUMAS (Michel), méd. 3ᵉ cl. 1857, rapp. 1861, 1ʳᵉ cl.
1863.

119.

1° APOSTOLAT DE SAINT DENIS.

2° MARTYRE DE SAINT DENIS.

3° GLORIFICATION DE SAINT DENIS.

> Photographies d'après les peintures exécutées
> dans la chapelle Saint-Denis (église Notre-
> Dame-de-Clignancourt).

FELON (Joseph), méd. 3ᵉ cl. 1861, rapp. 1863.

120.

1° PECCATUM ET REDEMPTIO.

121.

2° LA LÉGENDE DE LA VIERGE.
Cartons de vitraux, aquarelle (église Saint-Étienne-du-Mont).

122.

3° GRAND CARTON DE VITRAIL, crayon (église Saint-Étienne-du-Mont).

123.

4° L'ANNONCIATION, dessin, sculptures de la façade (église Saint-Étienne-du-Mont).

FLANDRIN (Hippolyte), grand prix, 1832; méd. 2ᵉ cl. 1836; 1ʳᵉ cl. 1837, 1848, 1855; ✳ 1841; O. ✳ 1853: membre de l'Institut, 1853.

124.

1° PHOTOGRAPHIES de peintures exécutées dans la chapelle Saint-Jean (église Saint-Séverin).

125.

2° SAINTE-GENEVIÈVE, carton de vitrail (église Saint-Germain-des-Prés).

FLANDRIN (Jean-Paul), méd. 2ᵉ cl. 1839, 1ʳᵉ cl. 1847, 2ᵉ cl. 1848; ✽ 1852.

126.

1° Le Baptême du Christ.

2° Saint-Jean prêchant dans le désert.

Esquisses peintes (église Saint-Séverin).

127.

3° Le Bois de Boulogne, esquisse peinte (Hôtel de Ville).

GLAIZE (Auguste-Barthélemy), méd. 3ᵉ cl. 1842, 2ᵉ cl. 1844, 1ʳᵉ cl. 1845, 2ᵉ cl. 1848 et 1855; ✽ 1855.

128.

1° Le Christ dans les limbes.

2° L'Adoration des mages.

Photographies d'après les peintures exécutées dans la chapelle des fonts baptismaux (église Saint-Eustache).

129.

3° Deux photographies d'après les peintures exécutées dans la chapelle Saint-Jean (église Saint-Sulpice).

130.

4° TROIS PHOTOGRAPHIES d'après les peintures exécutées dans la chapelle Sainte-Geneviève (église Saint-Gervais).

GLAIZE (Pierre-Paul-Léon), méd. 1864, 1866, 1868.

131.

LA MORT DE SAINT LOUIS. esquisse peinte (église Saint-Louis-d'Antin).

HESSE (Alexandre-Jean-Baptiste), méd. 1re cl. 1833; ✠ 1842; méd. 2e cl. 1848; membre de l'Institut, 1867; O. ✠ 1868.

132.

1° TROIS PHOTOGRAPHIES d'après les peintures exécutées dans la chapelle Saint-François-de-Sales (église Saint-Sulpice).

133.

2° TROIS PHOTOGRAPHIES d'après les peintures exécutées dans la chapelle Saint-Gervais et Saint-Protais (église Saint-Gervais).

HIRSCH (Émile), peintre - verrier. Collaborateur,
M. ROCH.

134.

1° Saint Denis.

2° Sainte Catherine.

3° Sainte Clotilde.

Vitraux (église Saint - Jean - Saint-François).

JOBBÉ-DUVAL (Félix), 3ᵉ méd. 1851, rapp. 1857; ✠
1861.

135.

1° Saint François de Sales commence à Thonon la
conversion des protestants.

136.

2° Saint François de Sales, évêque de Genève, apporte
des secours et des consolations à des malheureux
réduits à la misère par la chute des avalanches.

137.

3° La Douceur.

Tableaux (chapelle Saint - François - de - Sales,
église Saint-Louis-en-l'Ile).

138.

4° LES PÈRES DE L'ÉGLISE (pénétrations de la voûte, côté gauche).

139.

5° RACHAT DU PÉCHÉ ORIGINEL (tympan au dessous de l'orgue).

Esquisses peintes (église de la Trinité).

140, 141, 142.

6° TROIS CARTONS, chapelle des Ames du Purgatoire (église Saint-Gervais).

143.

7° TROIS PHOTOGRAPHIES, chapelles des Ames du Purgatoire (église Saint-Gervais).

144, 145.

8° DEUX CARTONS, chapelle Saint-Denis (église Saint-Sulpice).

146.

9° DEUX PHOTOGRAPHIES, chapelle Saint-Denis (église Saint-Sulpice).

147.

10° DEUX PHOTOGRAPHIES, chapelle Saint-Charles-Borromée (église Saint-Séverin).

148.

11° Quatre photographies (plafond de la salle d'audience, Tribunal de Commerce).

149.

12° Cinq photographies, foyer du théâtre de la Gaité.

———

JOURDY (feu), grand prix.

150.

Les sept Sacrements, esquisse peinte (église Sainte-Élisabeth).

———

LAFAYE (Prosper), 2me méd. 1835.

151.

Rose de la nef, esquisse (église Saint-Augustin).

———

LAFON (Jacques-Émile), méd. 3e cl. 1843; ✠ 1859.

152.

Trois photographies d'après les peintures de la chapelle Saint-François-Xavier (église Saint-Sulpice).

153.

DEUX PHOTOGRAPHIES de la chapelle Saint-Joseph (église Saint-Merry).

LAMOTHE (Louis), 3ᵉ méd. 1863.

154, 155, 156, 157.

QUATRE CARTONS DE VITRAUX (église Sainte-Clotilde).

LAUGÉE (François-Désiré), méd. 3ᵉ cl. 1851, 2ᵉ cl. 1855, rapp. 1859, 1ʳᵉ cl. 1861, rapp. 1863; ✠ 1865.

158.

1° SAINTE CLOTILDE SECOURANT LES PAUVRES.

159.

2° BAPTÊME DE CLOVIS.
Aquarelles (église Sainte-Clotilde).

LECOINTE (Charles-Joseph), méd. 3ᵉ cl. 1844; prix de Rome, 1849; méd. 3ᵉ cl. 1855, rapp. 1861.

160.

VUE DE SAINT-DENIS-SAINT-OUEN, esquisse peinte (Hôtel de Ville).

LECOMTE-VERNET (Émile), méd. 3ᵉ cl. 1846, rapp.
1863; ✠ 1864.

161.

1° VISION DE SAINTE THÉRÈSE.

2° JÉSUS ET LES PETITS ENFANTS.

Photographies d'après les peintures de la chapelle de la Sainte-Enfance (église Saint-Louis-
en-l'Ile).

LEFEBVRE (Charles), méd. 2ᵉ cl. 1833, 1ʳᵉ cl. 1845,
3ᵉ cl. 1855; ✠ 1859.

162.

1° DEUX CARTONS DE VITRAUX, photographies (église
Saint-Leu).

163.

2° PLAFOND DE LA SALLE DU CONSEIL, photographie (Palais de Justice).

LEHMANN (Charles-Ernest-Rodolphe-Henri), méd. 2ᵉ cl.
1835, 1ʳᵉ cl. 1840; ✠ 1846; méd. 1ʳᵉ cl. 1848; O. ✠
1853; méd. 1ʳᵉ cl. 1855; membre de l'Institut, 1864.

164.

QUATRE PHOTOGRAPHIES, plafond de la grande salle des
assises (Palais de Justice).

165.

Deux photographies, chapelle du Saint-Esprit (église Saint-Merry).

———

LELOIR (Jean-Baptiste-Auguste), méd. 3ᵉ cl. 1839, 2ᵉ cl. 1841 ; ✠ 1870.

166.

1° Le Mariage de la Vierge, carton peint (église Saint-Jean-Baptiste de Belleville).

167.

2° Décoration de la chapelle Saint-Louis (église Saint-Séverin). — Deux photographies.

———

LENEPVEU (Jules-Eugène), prix de Rome, 1847 ; méd. 3ᵉ cl. 1847, 2ᵉ cl. 1855, rapp. 1861 ; ✠ 1862 ; membre de l'Institut, 1869 ; directeur de l'École française à Rome, 1873.

168.

1° La mort de saint Denis et de ses compagnons saint Rustique et saint Éleuthère, qui refusent de sacrifier aux faux dieux.

169.

2° Translation de leurs corps par une dame nom-

mée Catule, qui les déroba après l'exécution et
les fit enterrer près de la Seine, à l'endroit où
est maintenant l'église de Saint-Denis.

170.

3° LA RELIGION.

> Tableaux, chapelle Saint-Denis (église Saint-
> Louis-en-l'Ile).

171.

4° DEUX PHOTOGRAPHIES d'après les peintures de la
chapelle Sainte-Anne (église Saint-Sulpice).

MARÉCHAL (Charles-Raphaël), 2ᵉ méd. 1853.

172.

1° SAINTE GENEVIÈVE, carton de vitrail.

2° PROJET DE VITRAIL AVEC PETITS SUJETS, carton.

3° PROJET DE VITRAIL AVEC ORNEMENTS, carton (église
Saint-Ambroise). — Les trois objets se trouvent
dans un même cadre.

MATOUT (Louis), méd. 3ᵉ cl. 1854, rapp. 1857; ✱
1857.

173.

DEUX PHOTOGRAPHIES d'après les peintures de la chapelle Saint-Louis (église Saint-Sulpice).

MICHEL (Ernest - Barthélemy), prix de Rome, 1860;
méd. 1870.

174.

Saint Martin partageant son manteau avec un pauvre,
esquisse peinte (église Saint-Nicolas-des-Champs).

———

MONCHABLON (Xavier-Alphonse), prix de Rome, 1863;
méd. 1869.

175.

La Sainte Famille. Tableau (église Saint-Nicolas-des-
Champs).

———

MOTTEZ (Victor-Louis), méd. 3ᵉ cl. 1838, 2ᵉ cl. 1845;
✠ 1846.

176.

Deux photographies d'après les peintures de la chapelle Saint-Martin (église Saint-Sulpice).

———

NANTEUIL (Paul) et feu Auguste HESSE.

177.

Trois photographies d'après les peintures de la chapelle Saint-Laurent (église Saint-Gervais).

———

NORBLIN (Sébastien-Louis-Guillaume), prix de Rome,
1825; méd. 2ᵉ cl. 1833, 1ʳᵉ cl. 1844; ✠ 1861.

178.

Chapelle de la Compassion, esquisse peinte (église
Saint-Gervais).

OUDINOT (Eugène), vitraux.

179.

1° Le Christ.

2° Saint Pierre.

3° Saint Paul.

Vitraux (église Saint-Joseph)

180.

4° Vitraux. Trois aquarelles, chapelle de la Vierge
(église de la Trinité).

PICHON (Pierre-Auguste), méd. 3ᵉ cl. 1845, 2ᵉ cl.
1844, 1ʳᵉ cl. 1846, rapp. 1857 et 1861; ✠ 1861.

181.

1° Une esquisse peinte, chapelle Saint-Clément (église
Saint-Séverin).

182, 183.

2° Deux esquisses peintes, chapelle Sainte-Geneviève (église Saint-Eustache).

184, 185.

3° Deux esquisses peintes, chapelle Saint-Charles-Borromée (église Saint-Sulpice).

———

ROBERT-FLEURY (Joseph-Nicolas), méd. 2ᵉ cl. 1824, 1ʳᵉ cl. 1834; ✠ 1836, O. ✠ 1849; membre de l'Institut 1850; méd. 1ʳᵉ cl. 1855 et 1867 (E.U.); C. ✠ 1867.

186.

1° L'Hôpital instituant les juges-consuls, 1563.

187.

2° Louis XIV dictant à Colbert l'ordonnance du commerce, 1673.

Tableaux. Grande salle d'audience (Tribunal de Commerce).

———

ROGER (Adolphe), méd. 2ᵉ cl. 1822, 1ʳᵉ cl. 1831; ✠ 1841.

188.

1° Le Jugement dernier, esquisse peinte (église Sainte-Élisabeth).

189.

2° Le Triomphe du Christ, esquisse peinte, décoration de la coupole (église Saint-Roch).

SIGNOL (Émile), prix de Rome, 1830; méd. 2ᵉ cl. 1834, 1ʳᵉ cl. 1835; ✠ 1841; membre de l'Institut; O. ✠ 1865.

190.

1° Jésus portant sa croix.

191.

2° Jésus crucifié.

192.

3° Jésus descendu de la croix.

193.

4° Jésus sortant du tombeau.

Esquisses peintes, bras de la croix (église Saint-Eustache).

194.

5° La montée au Calvaire.

195.

6° Le Christ en croix.

196.

7° Les Prophètes Isaie, Osée, Joël, Amos.

197.

8° Les Prophètes Jérémie, Abdias, Jonas, Michée.
Dessins. Bras de la croix (église Saint-Sulpice).

198.

9° Saint Jean l'Évangéliste.

10° Saint Luc l'Évangéliste.

11° Saint Mathieu l'Évangéliste.

12° Saint Marc l'Évangéliste.

Photographies d'après les peintures de la coupole (église Saint-Augustin).

STEINHEIL (Louis-Charles-Auguste), méd. 3ᵉ cl. 1847, 2ᵉ cl. 1848, 3ᵉ cl. 1851 ; ✳ 1860.

199.

Dix-huit photographies, vitraux avec sujets (église Saint-Jean-Baptiste de Belleville).

THIRION (Eugène-Romain), méd. 1866, 1868 et 1869; ✳ 1872.

200.

1° La Sainte Famille.

Le Songe de Joseph.

Photographies d'après les peintures de la chapelle Saint-Joseph (église de la Trinité).

TIMBAL (Louis-Charles), méd. 2ᵉ cl. 1848, rapp. 1857 et 1859, méd. 1ʳᵉ cl. 1861; ✠ 1864.

201.

Deux photographies d'après les peintures de la chapelle Sainte-Geneviève (église Saint-Sulpice).

YVON (Adolphe), méd. 1ʳᵉ cl. 1848, 2ᵉ cl. 1855; ✠ 1855; méd. d'honneur, 1857; méd. 2ᵉ cl. 1867 (E. U.); O. ✠ 1867.

202.

1° Philippe-Auguste, avant de partir pour la terre sainte, confie son fils à la municipalité de Paris.

2° François Iᵉʳ pose la première pierre de l'Hôtel de Ville.

Photographies d'après deux tableaux de la salle du Conseil municipal (Hôtel de Ville).

SCULPTURE

ET

GRAVURE EN MÉDAILLES.

AIZELIN (Eugène), méd. 3ᵉ cl. 1859, 2ᵉ 1861, rapp. 1863 ;
✠ 1867.

203.

1° SAINT GRÉGOIRE DE NYSSE.

2° SAINT CYRILLE.

Photographies (église de la Trinité).

204.

3° LA DANSE, photographie (théâtre du Châtelet).

205.

4° SAINTE GENEVIÈVE, esquisse (église Saint-Roch).

ALLASSEUR (Jean-Jules), méd. 2ᵉ cl. 1853, 1ʳᵉ cl. 1859,
1867.

206.

1° STATUE DE SAINT CHARLES BORROMÉE.

2° STATUE DE SAINT JOSEPH.

Photographies (église Saint-Étienne-du-Mont).

BONNASSIEUX (Jean), prix de Rome, 1836; méd. 2ᵉ cl.
1842, 1ʳᵉ cl. 1844; 2ᵉ cl. 1848, 1ʳᵉ cl. 1855; ✠ 1855;
membre de l'Institut, 1866.

207.

BAS-RELIEF, esquisse (église Saint-Augustin).

BORREL (Alfred).

208.

MÉDAILLE COMMÉMORATIVE de la construction de l'église
Notre-Dame de Clignancourt.

Face : VUE DE L'ÉGLISE.

Revers : ARMES DE LA VILLE.

BORREL père, 3ᵉ méd. 1842, rapp. 1859, méd. 1864.

209.

MÉDAILLE COMMÉMORATIVE DE LA CONSTRUCTION DE
LA TRINITÉ (face).

BOVY (Antoine), 2ᵉ méd. 1835; ✠ 1843; 3ᵉ méd. 1855.

210.

Médaille commémorative de la construction des Halles centrales (face).

CAPELLARO (Charles-Romain), méd. 3ᵉ cl. 1863; méd. 1865 et 1866.

211.

1ᵒ Figure d'Ange, esquisse (église Saint-Eustache).

212.

2ᵒ Figure d'Ange, photographie (église Saint-Germain-l'Auxerrois).

CARRIER-BELLEUSE (Albert-Ernest), 3ᵉ méd. 1861, rapp. 1863, méd. 1866; méd. d'honneur 1867; ✠ 1867.

213.

Nymphe en bronze (fontaine de la place du Théâtre Français).

CHABAUD, prix de Rome, 1848; 3ᵉ méd. 1853, rapp.
1857, 1859 et 1863.

214.

Médaille commémorative de la construction de l'église
Saint-Bernard (face).

CHAPU (Henri-Michel-Antoine), prix de Rome, 1855;
méd. 3ᵉ cl. 1863, méd. 1865-1866; ✸ 1867; O ✸ 1872.

215.

1° Deux Cariatides, photographies (palais de l'Exposition universelle de 1867).

216.

2° L'Art mécanique, esquisse (Tribunal de Commerce).

217.

3° Statue représentant la Sécurité, modèle en plâtre
(Préfecture de Police).

CHATROUSSE (Émile), méd. 3ᵉ cl. 1863, méd. 1864 et
1865.

218.

1° La Résignation (église Saint-Eustache).

219.

2° SAINT GILLES (église Saint-Leu).

220.

3° LA COMÉDIE (théâtre du Châtelet).

221.

4° SAINT SIMON (église de la Trinité).

222.

5° SAINT JOSEPH (église Saint-Ambroise).

223.

6° ANGE ENCENSEUR (église Saint-Eustache).
Photographies.

224.

7° FIGURE D'ANGE, esquisse (église Saint-Eustache).

CHEVALIER (Hyacinthe), mentions honorables

225.

1° LA JUSTICE, esquisse (Tribunal de Commerce).

226.

2° DÉCORATION DU FRONTON (théâtre du Vaudeville).

227.

3° La Musique (théâtre du Châtelet).

Photographies.

CORDIER (Charles), méd. 3ᵉ cl. 1851, 2ᵉ cl. 1853, rapp. 1857; ✽ 1860.

228.

Sainte Clotilde, esquisse (église Sainte-Clotilde).

CRAUK (Gustave-Adolphe-Désiré), prix de Rome, 1851; méd. 3ᵉ cl. 1857, 2ᵉ cl. 1859, 1ʳᵉ cl. 1861, rapp. 1863; ✽ 1864; méd. 1ʳᵉ cl. 1867 (E. U.).

229.

1° La Renommée (square des Arts-et-Métiers).

230.

2° Saint Jean-Baptiste (église Saint-Denis-du-Saint-Sacrement).

231.

3ᵉ Groupe représentant le Crépuscule (allée de l'Observatoire).

Photographies.

CUGNOT (Louis-Léon), prix de Rome, 1859; méd. 3ᵉ cl. 1863, méd. 1865, 1867; 3ᵉ cl. 1867. (E. U.)

232.

SAINT LUC, esquisse (église de la Trinité).

DELAPLANCHE (Eugène), prix de Rome, 1864; méd. 1866, 1868, 1870.

233.

SAINTE AGNÈS, photographie (église Saint-Eustache).

DELORME (Jean-André), méd. 2ᵉ cl. 1861, rapp. 1863.

234.

1° UN ANGE.

2° UN ANGE.

3° SAINTE ANNE ET LA VIERGE.

4ᵉ LA PIÉTÉ.

5° LA DOUCEUR.

Chapelle Sainte-Anne (église Saint-Gervais).

Photographies.

DUBOIS (Alphée), prix de Rome, 1855; méd. 1868 et
1869.

235.

Médaille commémorative de la construction de l'é-
glise Saint-Augustin (face).

———

DURET (Francisque-Joseph), grand prix, 1823; membre
de l'Institut, 1843; O. ✠; mort en 1865.

236.

1° Trois statues : La Tragédie; La Comédie; Phèdre
(Rachel) (Théâtre Français).

237.

2° La justice (Palais de la Bourse).

238.

3° Saint jean-Baptiste (Notre-Dame-de-Lorette).

239.

4° Saint Michel (fontaine Saint-Michel).

240.

5° Molière (Palais de l'Institut).

241.

6° Deux anges (église de la Madeleine).

242.

7° VÉNUS (fontaine des Champs-Élysées).

243.

8° LA FOI, LA CHARITÉ, L'ESPÉRANCE (square de la Trinité);

244.

9° LA JUSTICE (Palais de Justice).
Photographies.

EUDE (Louis-Adolphe), méd. 3ᵉ cl. 1859.

245.

1° LA FERMETÉ (Tribunal de Commerce), esquisse.

246.

2ᵉ GROUPE D'ENFANTS EN BRONZE (fontaine, place du Théâtre-Français).

FRÉMIET (Emmanuel), méd. 3ᵉ cl. 1849, 2ᵉ cl. 1851, 3ᵉ cl. 1855; ✠ 1860; méd. 2ᵉ cl. 1867 (E. U.).

247.

CHEVAUX MARINS EN BRONZE (fontaine du Luxembourg).

GAUTHIER (Charles), méd. 1865-1866-1869; ☩ 1872.

248.

SAINT MATHIEU, esquisse (église de la Trinité).

249.

GROUPE D'ENFANTS EN BRONZE (fontaine du Théâtre
Français).

GRUYÈRE (Théodore-Charles), 3ᵉ méd. 1836; prix de
Rome, 1839; 2ᵉ méd. 1843, 1ʳᵉ méd. 1846, rapp.
1857; ☩ 1866; 2ᵉ méd. 1867 (E. U.).

250.

STATUE REPRÉSENTANT LA VIGILANCE, modèle en plâtre
(Préfecture de Police).

GUILLAUME (Eugène-Claude-Jean-Baptiste), élève de
Pradier; prix de Rome, 1845; méd. 2ᵉ cl. 1852, 1ʳᵉ
méd. 1855; ☩ 1855; membre de l'Institut, 1862;
O. ☩ 1867; grande méd. d'honneur, 1867.

251.

1° DEUX BAS-RELIEFS.

252.

2° SAINTE VALÈRE.

Église Sainte-Clotilde, modèles.

253.

DEUX BAS-RELIEFS (vie de sainte Clotilde).

DEUX BAS-RELIEFS (vie de sainte Valère).

STATUE DE SAINTE VALÈRE.

Église Sainte-Clotilde.

Photographies.

———

GUMERY (Feu Charles-Alphonse), prix de Rome, 1850;
méd. 3ᵉ cl. 1855, 2ᵉ cl. 1857, rapp. 1859 et 1863;
méd. 1ʳᵉ cl. 1867 (E. U.); ✠ 1867.

254.

1ᵉ DEUX FIGURES EN BRONZE (fontaine, square des
Arts-et-Métiers).

255.

2ᵉ ANGE EN MARBRE (église de la Trinité).

256.

3ᵉ FIGURE EN BRONZE (fontaine Saint-Michel).

257.

4ᵉ GROUPE REPRÉSENTANT LA NUIT (allée de l'Observa
toire).

Photographies.

JOUFFROY (François), prix de Rome, 1832; méd. 2ᵉ cl.
1838, 1ᵉ cl. 1839; ✠ 1843; méd. 2ᵉ cl. 1848; membre de l'Institut, 1857; O. ✠ 1861.

258.

Nʏᴍᴘʜᴇ ᴅᴇ ʟᴀ Sᴇɪɴᴇ, sᴏᴜʀᴄᴇs ᴅᴇ ʟᴀ Sᴇɪɴᴇ (statue
grandeur d'exécution).

LEHARIVEL-DUROCHER (Victor), méd. 3ᵉ cl. 1849,
2ᵉ cl. 1857, rapp. 1861; ✠ 1870.

259.

Sᴀɪɴᴛᴇ Mᴀᴅᴇʟᴇɪɴᴇ (église Saint-Augustin).

260.

Gʀᴏᴜᴘᴇ ᴇɴ ᴍᴀʀʙʀᴇ (église Saint-Pierre de Montrouge).
Photographies.

LEQUESNE (Eugène-Louis), prix de Rome, 1844; méd.
1ʳᵉ cl. 1851 et 1855; ✠ 1855.

261.

Bᴀs-ʀᴇʟɪᴇꜰ (église Saint-Augustin), esquisse.

LOISON (Pierre), méd. 3ᵉ cl. 1845, 1ʳᵉ cl. 1853, rapp.
1859; ✠ 1859.

262.

SAINTE GENEVIÈVE (église Saint-Ambroise).

SAINTE CLOTILDE (église Saint-Roch).

Photographies.

———

MAILLET (Jacques-Léonard), prix de Rome, 1847;
1ʳᵉ cl. 1853, 2ᵉ cl. 1855, rapp. de 1ʳᵉ cl. 1857; ✠ 1861;
méd. 3ᵉ cl. 1867 (E. U.).

263.

1° DÉCORATION DU FRONTON, photographie (école
Turgot).

264.

2° GROUPE POUR LA FAÇADE, photographie (église de la
Trinité).

———

MANIGLIER (Henri-Charles), prix de Rome, 1856; méd.
2ᵉ cl. 1863, méd. 1868.

265.

LA CÈNE, bas-relief en pierre (église Saint-Pierre de
Montrouge).

———

MARCELLIN (Jean-Esprit), méd. 2ᵉ cl. 1851 et 1855.
rapp. 1857 et 1859; ✠ 1852.

266.

Trois statues, photographies (chapelle Saint-Laurent,
église Saint-Gervais).

———

MERLEY, prix de Rome, 1843; 2ᵉ méd. 1851, rapp.
1857, 1861 et 1863; ✠ 1866; 3ᵉ méd. 1867 (E. U.).

267.

1° Médaille commémorative de la construction du
Tribunal de Commerce.

Face : Vue du Tribunal de Commerce.

2° Même médaille. Modèle de la face.

268.

3° Médaille commémorative de la construction de
l'Église Sainte-Clotilde.

Face : Vue de l'Église.

4° Même médaille. Modèle de la face.

269.

5° Médaille commémorative de la construction du
Viaduc d'Auteuil (face).

270.

6° Médaille commémorative de la construction des Abattoirs de la Villette. Modèle.

Face : Vue des Abattoirs.

Revers : Providentia.

———

MONTAGNY (Étienne), méd. 3° cl. 1849, 2° cl. 1853, 3° cl. 1855, 1° cl. 1857, 3° cl. 1867 (E. U.); ✣ 1867.

271.

1° Statue de saint Louis.

2° Statue de saint François d'Assise.

Photographies (église Saint-Louis-d'Antin).

———

MOREAU (Mathurin), méd. 2° cl. 1855, 1° cl. 1859, rapp. 1861 et 1863; ✣ 1865; méd. 2° cl. 1867 (E. U.).

272.

1° Nymphe en bronze (fontaine de la place du Théâtre-Français).

273.

2° Six bas-reliefs (portes de l'église Saint-Augustin). Photographies.

OUDINÉ (Eugène-André), prix de Rome, 1831; méd.
2ᵉ cl. 1837, 1ʳᵉ cl. 1839 et 1843, 2ᵉ cl. 1848 et 1855,
rapp. 1ʳᵉ cl. 1857; ⚜ 1857.

274.

1° QUATORZE MÉDAILLONS, photographies (Salle du
Conseil Municipal, Hôtel de Ville).

275.

2° STATUE DE LA VIERGE, photographie (église Saint-
Eustache).

276.

3° STATUE DE LA VIERGE, photographie (église Saint-
Ambroise).

277.

4° PROJET DE JETON POUR LE CONSEIL D'ARCHITECTURE,
photographie.

278.

5° MÉDAILLE DU PLAFOND D'INGRES À L'HÔTEL DE VILLE.

Face : APOTHÉOSE DE NAPOLÉON Iᵉʳ.

Revers : ARMES DE LA VILLE.

6° MÊME MÉDAILLE (grand modèle de la face).

279.

7° MÉDAILLE DU CORPS MUNICIPAL.

Face :

Revers : ARMES DE LA VILLE.

280.

8° Jeton de présence de la Commission des Beaux-
Arts (revers).

PERREY (Aimé-Napoléon), méd. 3ᵉ cl. 1852. rapp.
1861, méd. 1868.

281.

Cinq bas-reliefs, photographies (église Saint-Jean-
Baptiste de Belleville).

PONSCARME, 3ᵉ méd. 1859, rapp. 1861 et 1863.
1ʳᵉ méd. 1867 (E. U.); ✠ 1867.

282.

Médaille commémorative de l'annexion des Com-
munes suburbaines (face).

ROBERT (Élias), méd. 3ᵉ cl. 1847; ✠ 1858.

283.

1° Statue représentant le Drame. photographie
(théâtre du Châtelet).

284.

2° STATUE REPRÉSENTANT LA JUSTICE, photographie (fontaine Saint-Michel).

285.

3° STATUE REPRÉSENTANT LA LOI, photographie (Tribunal de Commerce).

286.

4° STATUE REPRÉSENTANT LA LOI, esquisse (Tribunal de Commerce).

SALMSON (Jean-Jules), méd. 2e cl. 1863, méd. 1865. 2e cl. 1867 (E. U.); ✳ 1867.

287.

STATUE REPRÉSENTANT LA PRUDENCE, esquisse (Tribunal de Commerce).

THOMAS (Gabriel-Jules), prix de Rome, 1848; méd. 3e cl. 1857, 1re cl. 1861, 1867 (E. U.); ✳ 1867.

288.

BAS-RELIEF, photographie (église Saint-Étienne-du-Mont).

VALETTE (Jean), 3ᵉ méd. 1861.

289.

STATUE DE SAINT PIERRE (église de Bercy).

290.

STATUE DE SAINT HILAIRE (église de Saint-Étienne-du Mont).

Photographies.

VILAIN (Victor), prix de Rome, 1838; méd. 3ᵉ cl. 1847, 2ᵉ cl. 1848; ✠ 1849.

291.

1° BAS-RELIEF, photographie (façade de l'église Saint-Thomas-d'Aquin).

292.

2° STATUE DE SAINT PAUL, photographie (façade de l'église Saint-Roch).

VILLEMINOT (L.).

293.

SCULPTURES D'ORNEMENT, deux modèles (fontaine du Luxembourg).

294.

PHOTOGRAPHIES D'APRÈS CES MODÈLES.

GRAVURE EN TAILLE DOUCE.

BERTINOT, prix de Rome, 1850; 3ᵉ méd. 1861, rapp. 1863, méd. 1865, 1ʳᵉ méd. 1867 (E. U.); ✠ 1867.

295.

JÉSUS BÉNISSANT LES ENFANTS. — LA CHARITÉ.

Reproduction des peintures de M. Signol, chapelle des catéchismes (église Saint-Eustache).

BRIDOUX, prix de Rome, 1834; 2ᵉ méd. 1841, rapp. 1859.

296.

JÉSUS CHEZ LES DOCTEURS. — LA THÉOLOGIE.

Reproduction des peintures de M. Signol, chapelle des catéchismes (église Saint-Eustache).

DEVEAUX, prix de Rome, 1848; méd. 1864.

297.

LA VIERGE ET DEUX ANGES EN ADORATION.

Sainte Catherine et sainte Ursule.

> Reproduction des peintures de M. Signol, chapelle des catéchismes (église Saint-Eustache).

HAUSSOULLIER (William), méd. 1866.

298.

Première communion de saint Louis de Gonzague.

Saint Louis de Gonzague renonce au monde et à sa famille.

> Reproduction des peintures de M. Bézard, chapelle Saint-Louis-de-Gonzague (église Saint-Eustache).

MARTINET, prix de Rome, 1830; 2ᵉ méd. 1835, 1ʳᵉ méd. 1843; ✠ 1846; 2ᵉ méd. 1855; membre de l'Institut, 1857; 1ʳᵉ méd. 1867 (E. U.); O. ✠ 1867.

299.

1ʳᵉ Vision de saint Louis de Gonzague. — Saint Louis de Gonzague visitant les pestiférés à Rome.

> Reproduction des peintures de M. Bézard, chapelle Saint-Louis-de-Gonzague (église Saint-Eustache).

300.

2° Martyre de saint Cyr et de sainte Julitte.

Reproduction d'un tableau de Heim (église Saint-Gervais).

OUTHWAITE.

301.

L'Hiver.

Reproduction d'un paysage de M. Léon Cogniet (salon du Zodiaque, Hôtel de Ville).

PONCET (Jean-Baptiste), méd. 3ᵉ cl. 1861, méd. 1864.

302.

Entrée de Jésus à Jérusalem.

Reproduction d'une peinture murale d'Hippolyte Flandrin, sanctuaire (église Saint-Germain-des-Prés).

SALMON (Louis-Adolphe), prix de Rome, 1834; méd. 2ᵉ cl. 1853, rapp. 1857, 1859 et 1863; méd. 2ᵉ cl. 1867 (E. U.); ✠ 1867.

303.

Apothéose de Napoléon Iᵉʳ.

Reproduction du sujet central du plafond d'Ingres (Hôtel de Ville).

WILLMANN (Édouard), méd. 3ᵉ cl. 1857. 2ᵉ cl. 1861, rapp. 1863; ✠ 1863.

304.

1° LE PRINTEMPS.

Reproduction d'un paysage de M. Léon Cogniet (salon du Zodiaque, Hôtel de Ville).

305.

2° L'ÉTÉ.

Reproduction d'un paysage de M. Leon Cogniet (salon du Zodiaque, Hôtel de Ville).

306.

3° VUE DE PARIS.

ALBUMS.

ALBUM.

307.

Photographies, d'après les peintures d'Hippolyte Flandrin.

(Église Saint-Germain-des-Prés).

ALBUM.

308.

Lithographies, d'après les peintures d'Hippolyte Flandrin.

(Église Saint-Vincent-de-Paul).

ALBUM.

309.

Photographies d'après les peintures de M. Lehmann.

(Salle des Fêtes, Hôtel de Ville).

ALBUM.

310.

Photographies du surtout de table de la Ville.

M. BALTARD, de l'Institut, auteur du projet.

MM. DIEBOLT.....................
    THOMAS (Jules)............
    MAILLET................... sculpteurs.
    MOREAU (Mathurin).........
    CAPY......................
    ROUILLARD.................

M. CHRISTOPHLE, fabricant d'orfévrerie.

TAPISSERIES.

311.

PARIS AUX XVIIᵉ ET XVIIIᵉ SIÈCLES (grand panneau.)

312, 313.

DEUX BORDURES (fleurs et fruits.)

TAPISSERIES DE LA SALLE DU TRÔNE (Hôtel de Ville.)

MM. MAZEROLLES................⎫
    RUBÉ et CHAPRON...........⎬ peintres.

M. SALLANDROUZE DE LAMORNAIX, manufacture de tapisseries à Aubusson.

SERVICE

DES

TRAVAUX HISTORIQUES.

M. MICHAUX ✠, chef de division.

M. Tisserand, chef de bureau, secrétaire-archiviste.

HISTOIRE GÉNÉRALE DE PARIS.

314.

1° Introduction. Plan de la collection. Précédents historiques. L. M. Tisserand, chef du bureau des Travaux historiques, 1 volume.

315.

2° Le Bassin parisien aux âges anté-historiques. 3 volumes. M. Belgrand (C. ✠), membre de l'Institut, inspecteur général des Ponts et Chaussées, directeur des Eaux et des Égouts.

316.

3° PARIS GALLO ROMAIN, restitution archéologique. 3 feuilles. M. VACQUER, architecte archéologue.

> 1re FEUILLE : Amphithéâtre gallo-romain découvert à Paris dans les travaux de la rue Monge ;

> 2e FEUILLE : Grand édifice romain rectangulaire découvert à Paris sous la rue Soufflot et aux abords ;

> 3e FEUILLE : Autre édifice romain découvert à Paris sous la rue Gay-Lussac et ses abords.

317.

4° TOPOGRAPHIE HISTORIQUE DU VIEUX PARIS. 2 volumes. A. BERTY, architecte topographe.

318.

5° PLAN PARCELLAIRE RESTITUÉ formant l'atlas de la Topographie historique du vieux Paris. 1 volume in-folio. A. BERTY, architecte topographe.

319.

6° PARIS ET SES HISTORIENS aux XIVe et XVe siècles. 1 volume. Feu LE ROUX DE LINCY, conservateur honoraire à la Bibliothèque de l'Arsenal, et L. M. TISSERAND, secrétaire archiviste de la Commission des Travaux historiques.

320.

7° PARIS EN 1380. Plan de restitution et légende. 1 volume. M. LEGRAND, architecte topographe.

321.

8° LES ANCIENNES BIBLIOTHÈQUES DE PARIS. 3 volumes. M. FRANKLIN, de la bibliothèque Mazarine.

322.

9° LE CABINET DES MANUSCRITS DE LA BIBLIOTHÈQUE NATIONALE. 1 volume. M. LÉOPOLD DELISLE, membre de l'Institut.

323.

10° LA PREMIÈRE BIBLIOTHÈQUE DE L'HÔTEL DE VILLE. 1 volume. L. M. TISSERAND, secrétaire archiviste de la Commission des Beaux-Arts et des Travaux historiques.

324.

11° PLAN DIT DE LA TAPISSERIE (1540?), reproduction photographique. Deux feuilles grand-monde.

325.

12° PLAN DE QUESNEL (1609), reproduction. Album in-folio.

RELEVÉS ARCHÉOLOGIQUES

ET COLLECTIONS HISTORIQUES.

326.

1° PHOTOGRAPHIES exécutées dans le cours des travaux de fouilles et de démolitions par le service historique de la Ville de Paris. 1 volume petit in-folio.

327.

2° PHOTOGRAPHIES des fragments d'édifices gallo-romains découverts dans les fouilles, et réunis pour former un musée lapidaire. 1 volume petit in-folio.

DIRECTION

DES

EAUX ET ÉGOUTS.

M. BELGRAND (C. ✳),

Inspecteur général des Ponts et Chaussées,

Directeur.

328.

RÉSERVOIRS DE MÉNILMONTANT.

Dessins.

AUTEURS DU PROJET :

MM. BELGRAND, inspecteur général des Ponts et Chaussées, directeur.

HUET, ingénieur ordinaire des Ponts et Chaussées.

COLLABORATEURS :

MM. BOUSQUET, conducteur des Ponts et Chaussées.

PERPEROT, dessinateur.

FERNIQUE, photographe.

329.

USINE DE SAINT-MAUR.

Modèle.

AUTEURS DU PROJET :

MM. BELGRAND, inspecteur général des Ponts et Chaussées, directeur.

MM. NOUTON, ingénieur.

CALLON. . . . . .⎫
FOURNEYON. . .⎬ ingénieurs civils.
GIRARD. . . . . .⎭

COLLABORATEURS :

MM. COLRONNE, contrôleur principal des machines.

LECOEUR. . . . .⎫ conducteurs des Ponts et Chaus-
MEKER. . . . . . .⎭ sées.

330.

USINE ÉLÉVATOIRE DES EAUX
DE LA MARNE

DANS LE CANAL DE L'OURCQ À TRIDBORDOU.

Modèle en relief de la roue et des pompes
(4 feuilles de dessins encadrées).

AUTEURS DU PROJET :

MM. BELGRAND, inspecteur général des Ponts et Chaussées, directeur.

HUET, ingénieur ordinaire des Ponts et Chaussées.

SAGEBIEN, ingénieur civil.

COLLABORATEURS :

MM. DUVAL, conducteur principal.

DIGEON, modeleur.

331.

CONDUITES D'EAU DE LA VILLE DE PARIS.

Plan général.

AUTEURS DU PROJET :

MM. BELGRAND, inspecteur général des Ponts et Chaussées, directeur.

ROUSSELLE. ingénieur en chef des Ponts et Chaussées.

ALLARD......
BERNARD.....
COUCHE......
FOULARD.....
GARDIER..... ingénieurs ordinaires des Ponts et
GRÉGOIRE.... Chaussées.
DE LABRY....
LOCHE.......
ROUSSEAU....

RENARD. inspecteur des aqueducs.

COLLABORATEURS :

MM Avril frères, graveurs.

332.

ÉGOUTS DE LA VILLE DE PARIS.

Plan général.

AUTEURS DU PROJET :

MM. Belgrand, inspecteur général des Ponts et Chaussées.

Roussel, ingénieur en chef des Ponts et Chaussées.

MM. Allard......
    Bernard ....
    Couche......
    Foulard.....
    Gardier.....
    Grégoire....
    De Labry....
    Loche.......
    Rousseau.... } ingénieurs ordinaires des Ponts et Chaussées.

Renard, inspecteur des aqueducs.

COLLABORATEURS :

MM. Avril frères, graveurs.

333.

APPAREILS
SERVANT AU CURAGE DES ÉGOUTS.

Dessins.

Modèle du wagon à bascule.

Modèle du wagon à vanne.

Modèle du bateau-vanne.

AUTEURS DU PROJET :

MM. Belgrand, inspecteur général des Ponts et Chaussées, directeur.

Rousselle, ingénieur en chef des Ponts et Chaussées.

Nouton, ingénieur ordinaire des Ponts et Chaussées.

Couronne, contrôleur principal des machines.

COLLABORATEURS :

MM. Gallet, inspecteur de l'assainissement.

Louis . . . . }
Bancelin . . . . . } contrôleurs.

Dalard, dessinateur.

Delord, ajusteur à l'atelier de Chaillot.

Cartellier, chaudronnier à l'atelier de Chaillot.

334.

Le Bassin parisien aux âges anté-historiques
(3 volumes).

AUTEURS :

M. BELGRAND, inspecteur général des Ponts et Chaussées.

COLLABORATEURS :

MM. ROUJOU, géologue.

L.-M. TISSERAND, chef du bureau des Travaux historiques.

(Voir page 106, aux Travaux historiques.)

335.

AQUEDUC DE DÉRIVATION

DES SOURCES DE LA VALLÉE DE LA VANNE.

Détail des arcades.

Dessins et photographies.

AUTEURS DU PROJET :

MM. BELGRAND, inspecteur général des Ponts et Chaussées, directeur.

MM. Buffet, ingénieur en chef des Ponts et Chaussées.

Huet........
Humblot.... } ingénieurs ordinaires des Ponts
Lesguillier.. } et Chaussées.
Vallée......

Renard, inspecteur des aqueducs.

COLLABORATEURS :

MM. Guy, chef du bureau du directeur.

Petitjean, chef du bureau de l'ingénieur en chef.

MM. Picart......
Ninout...... } conducteurs chefs des bureaux
Bresson..... } des ingénieurs ordinaires.

MM. Bonhoure....
Braye.......
Briotet.....
Dequaye..... } conducteurs des travaux.
Lievin.......
Quignon.....

Roujou, géologue.

Daigney, dessinateur.

Perperot, dessinateur.

Collard, photographe.

336.

DÉRIVATION DE LA VANNE.

Photographies en album.

––––––

AUTEURS DU PROJET :

MM. BELGRAND, inspecteur général des Ponts et Chaussées, directeur.

BUFFET, ingénieur en chef des Ponts et Chaussées.

HUET........ ⎫
HUMBLOT .... ⎬ ingénieurs ordinaires des Ponts
LESGUILLIER.. ⎬ et Chaussées.
VALLÉE...... ⎭

RENARD, inspecteur des aqueducs.

COLLABORATEURS :

MM. GUY, chef du bureau du directeur.

PETITJEAN, chef du bureau de l'ingénieur en chef

MM. PICARD....... ⎫
NINOUT...... ⎬ conducteurs chefs des bureaux
BRESSON ..... ⎭ des ingénieurs ordinaires.

MM. BONHOURE.... ⎫
BRAYE .... ⎪
BRIOTET...... ⎬ conducteurs des travaux.
DEQUAYE..... ⎪
LIEVIN....... ⎪
QUIGNON..... ⎭

Roujou, géologue

Daigney, dessinateur.

Perperot, dessinateur.

Collard, photographe.

337.

SIPHON DE L'ALMA

POUR LE PASSAGE DES EAUX

DE L'ÉGOUT COLLECTEUR

DE LA RIVE GAUCHE DE LA SEINE À LA RIVE DROITE.

Modèle. — Dessin.

AUTEURS DU PROJET :

MM. Belgrand, inspecteur général des Ponts et Chaussées, directeur.

Buffet, ingénieur en chef des Ponts et Chaussées.

COLLABORATEURS :

MM. Houssin, conducteur.

Morin, dessinateur.

Digeon, modeleur.

338.

IRRIGATIONS

POUR L'APPLICATION DES EAUX DES ÉGOUTS

À L'AGRICULTURE,

DANS LA PLAINE DE GENNEVILLIERS (PRÈS PARIS).

Dessins.

---- --

AUTEURS DU PROJET :

MM. BELGRAND, inspecteur général des Ponts et Chaussées, directeur.

MILLE, ingénieur en chef des Ponts et Chaussées.

DURAND-CLAYE (Alfred), ingénieur ordinaire des Ponts et Chaussées.

COLLABORATEURS :

MM. LOCQUET, conducteur des Ponts et Chaussées.

BRIQUÉ, conducteur municipal.

DIRECTION

DE

L'ENSEIGNEMENT PRIMAIRE.

M. GRÉARD (O. ✻), Inspecteur général de l'instruction publique, Directeur de l'enseignement primaire.

M. MARGUERIN (✻), Administrateur délégué près les écoles supérieures de la ville de Paris.

M. BOYER (✻), Chef de division, chargé du service du matériel.

339.

MODÈLE D'UN GROUPE SCOLAIRE,

COMPRENANT

École de garçons, École de filles, Asile.
(Réduction au 5oᵉ.)

Avec deux **appendices** à la même échelle, indiquant la distribution du rez-de-chaussée et celle du 1ᵉʳ étage.

Une salle de classe dudit groupe avec son mobilier.
(Réduction au 10ᵉ.)

La salle d'exercice de l'asile, même groupe, avec son mobilier.
(Réduction au 10ᵉ.)

———

AUTEUR DU PROJET :

M. CORDIER, architecte.

ENTREPRENEUR DU TRAVAIL :

M. JANNIN, entrepreneur de sculpture.

COLLABORATEURS :

MM. JULLIEN, ébéniste.

HOUSSEMAINE, sculpteur.

340.

MODÈLE DES MAGASINS

du mobilier scolaire, du matériel d'enseignement et des fournitures de classes.

(Réduction au 10ᶜ.)

CHEF DU TRAVAIL :

M. LECOQ, menuisier.

COLLABORATEURS :

MM. BARDEL, tapissier.

ROUSSIN, serrurier.

GOBIN, ferblantier.

LEVASSEUR, sculpteur.

WUHRER. graveur géographe.

341.

MODÈLE D'UNE SALLE DE DESSIN

et de ses dépendances, avec le mobilier.

(Réduction au 10ᵉ.)

(École de M. LEQUIEN fils, rue des Petits-Hôtels.)

———

AUTEUR ET EXÉCUTANT :

M. DENIAU, modeleur-ébéniste.

COLLABORATEUR :

M. LEQUIEN fils, sculpteur.

———

342.

ALBUM

DES PLANS PHOTOGRAPHIÉS AUX 5 MILLIÈMES

D'ÉCOLES COMMUNALES

CONSTRUITES DE 1860 À 1873.

———

DIRECTEUR DU TRAVAIL :

M. UCHARD, architecte.

EXÉCUTANT :

M. FERNIQUE, photographe.

———

6..

343.

ALBUM DE VUES PHOTOGRAPHIQUES

prises dans les écoles et les salles d'asile.

EXÉCUTANT :

M. Fixon. photographe.

344.

ALBUMS

DU MOBILIER DES ÉCOLES ET DES SALLES D'ASILE.

AUTEUR :

M. Uchard. architecte.

345.

MODÈLE

d'un système de tables et de bancs à hauteur mobile,

introduit, à titre d'essai, dans les écoles supérieures.
(Réduction au 10ᵉ.)

AUTEUR :

M. Bapteross. de Briare.

346.

PLANS DES COLLÉGES MUNICIPAUX
ET DES ÉCOLES SUPÉRIEURES MUNICIPALES.

Collége Rollin,
Collége Chaptal,
École Turgot,
École Colbert.

———

AUTEURS :

MM. Roger. . . . .⎫
   Train. . . . .⎬ architectes.
   Chat. . . . .⎪
   Villain. . . . .⎭

———

347.

MODÈLE
DE LA BIBLIOTHÈQUE SCOLAIRE.

CONTENANT :

1° Des spécimens des livres de prix;

2° Des spécimens des livres de la bibliothèque scolaire :

3° Des spécimens des livres de classe.

348.

MATÉRIEL D'ENSEIGNEMENT
DES ÉCOLES.

1° Système collecteur pour les cartes et tableaux d'enseignement ;

2° Cartes géographiques murales ;

3° Plans de Paris et du département de la Seine. appropriés à l'usage scolaire ;

4° Cartes et plans en relief ;

5° Sphères ;

6° Tableaux pour l'enseignement collectif de la lecture ;

7° Tableaux pour l'enseignement du système métrique ;

8° Modèles réduits des poids et mesures (*appareil Level*, *Compendium métrique*) ;

9° Solides géométriques ;

10° Collections pour l'enseignement élémentaire du dessin ;

11° Méthodes et cahiers d'écriture ;

12° Méthodes pour l'enseignement du chant ;

13° Livres avec figures pour l'enseignement ;

14° Portraits et biographies pour récompenses trimestrielles (MM. *L'Étienne* et *Bézaud*).

349.

MATÉRIEL D'ENSEIGNEMENT
DES SALLES D'ASILE.

1° Bouliers lecteurs et compteurs;

2° Méthode de lecture (*Régimbeau*);

3° Lettres et chiffres mobiles;

4° Images pour l'enseignement par les yeux : *l'histoire sainte, les animaux, la culture du blé;*

5° Ardoises réglées et quadrillées pour les premiers exercices de l'écriture et du dessin;

6° Tableaux avec portées pour les éléments du chant;

7° Solides géométriques élémentaires;

8° Principaux modèles des poids et mesures;

9° Petit matériel pour l'application de la méthode Frœbel;

10° Albums et livres pour récompenses;

11° Sentences morales, avec leurs cadres, pour les murs de la salle d'exercices.

350.

REGISTRES DE CLASSE ET RÈGLEMENTS D'ÉTUDE.

I.

1° Registre d'inscription des élèves dans les écoles ;

2° Répertoire du registre d'inscription ;

3° Registre d'appel journalier, de compositions et de notes mensuelles ;

4° Journal de classe ;

5° Journal de la bibliothèque scolaire ;

6° Registre de présence pour les cours d'adultes ;

7° Registre des admissions dans les asiles ;

8° Registre des visites d'inspection ;

9° Registre du médecin ;

10° Registre des offres et des demandes d'emploi (recrutement des sous-maîtresses pour les établissements d'instruction).

II.

1° Organisation pédagogique : programme d'instruction ;

2° Division mensuelle des matières d'enseignement ;

3° Règlement pour les écoles publiques de la Seine ;

4° Régime intérieur des salles d'asile ;

5° État des établissements scolaires communaux de la ville de Paris ;

6° Programme des cours de l'Hôtel de Ville ;

7° Enseignement du dessin dans les écoles communales ;

8° Catalogue des ouvrages pour les distributions de prix ;

9° Bulletin de l'instruction primaire dans le département de la Seine, de 1866 à 1872 ;

10° Notes, mémoires et rapports du directeur de l'enseignement primaire.

ENSEIGNEMENT DU DESSIN.

351.

COURS DU SOIR DES ÉCOLES COMMUNALES

POUR LES APPRENTIS ET LES ADULTES.

Dessin d'art.

Ornement, fleurs, figures.

ÉCOLES :

Rues des Tournelles, du Renard, Geoffroy-Lasnier, de
Pontoise, de Vaugirard, d'Assas, Chomel, Males-
herbes, Coquenard, de Marseille, avenue de la Ro-
quette, rues Saint-Bernard, Morand, d'Aligre, Saint-
Hippolyte, avenue d'Italie, rues des Trois-Sœurs, de
la Mairie (Vaugirard), La Vieuville, Doudeauville,
Levert.

PROFESSEURS :

MM. Trouvé, Martin, Gabriel, Fauvel, Panis, Frère

Baudime, Marguerie, Frère Scipion, Aumont, Laporte, Frère Abélis, Frère Adolphus, Gibert, Baron, Flament, Munier, Simil, Loire, Du Vignon, Rousse, Garnier.

188 dessins : Panneaux, vitrines et cartons.

Dessin géométrique.

Architecture et machines.

ÉCOLES :

Rues d'Assas, Morand, d'Aligre, place de la Mairie (Vaugirard), rues Lecomte, Doudeauville, Grenier-sur-l'Eau.

PROFESSEURS :

MM. Frère Baudime, Dardoize, Bizet, Déchard, Sinaud, Reusse, Bardin.

136 dessins : Panneaux et cartons.

352.

COURS DU SOIR DES ÉCOLES SUBVENTIONNÉES

POUR LES APPRENTIS ET LES ADULTES.

Dessin d'art.

Ornement, fleurs, figures.

ÉCOLES :

Rues du Sentier, Sainte-Élisabeth, de la Bienfaisance, des Petits-Hôtels, Bréguet et Crozatier.

PROFESSEURS :

MM. LAPORTE, LEVASSEUR, JACQUAND, LEQUIEN (Justin), LEQUIEN (père), CAROT.

150 dessins : Panneaux, vitrines et cartons.

Dessin géométrique.

Architecture et machines.

ÉCOLES :

Rues Sainte-Élisabeth, de la Bienfaisance et des Petits-Hôtels.

PROFESSEURS :

MM. Forestier, Hennerick, Fournereau, Dardoize.

49 dessins : Panneaux et cartons.

Sculpture.

ÉCOLES :

Rués Sainte-Élisabeth et des Petits-Hôtels.

PROFESSEURS :

MM. Levasseur (Jules) et Lequien (Justin).

50 bas-reliefs, bustes et statuettes.

353.

COURS DU JOUR DES ÉCOLES SUBVENTIONNÉES

POUR LES JEUNES FILLES ET LES FEMMES.

Dessin d'art.

Ornement, fleurs, figures.

ÉCOLES :

Rues de l'Arbre-Sec, Sainte-Élisabeth, des Fossés-Saint-

Jacques, du Bac, du Vieux-Colombier, des Martyrs, Neuve-Popincourt, avenue d'Italie, rues Mouton-Duvernet. de Passy, Bridaine, Dejean, de la Villette.

PROFESSEURS :

Mmes DE COOL, FROIDURE DE PELLEPORT, LEVASSEUR, COLIN-LIBOUR, Mlle KELLER, Mmes THORET, MAC-NAB, Mlle JACQUEMART, Mme GARRAUD, Mlles SOLON, LEBARON, MALLET. CHEVALIER, POISSON.

77 dessins : Panneaux, vitrines et cartons.

Dessin industriel.

ÉCOLES :

Rues du Bac. des Martyrs. de Passy.

PROFESSEURS :

Mlle KELLER, Mme MAC-NAB, Mlle LEBARON.

10 dessins : Panneaux.

ADMINISTRATION GÉNÉRALE

DE

L'ASSISTANCE PUBLIQUE.

M. BLONDEL (O. ✶), Directeur.

ÉDIFICES HOSPITALIERS.

354.

HÔPITAL DE MÉNILMONTANT.

Plans.

M. BILLON, architecte.

Système de ventilation et de chauffage.

M. SER ✠, ingénieur de l'administration de l'Assistance publique, professeur de physique industrielle à l'École Centrale des arts et manufactures.

355.

HÔPITAL MARITIME DE BERCK-SUR-MER

(PAS-DE-CALAIS).

Plans.

M. LAVEZZARI (Émile) ✠, architecte.

Système hydraulique.

M. FAURE, inspecteur.

M. SER ✽, ingénieur de l'administration de l'Assistance publique, professeur de physique industrielle à l'École Centrale des arts et manufactures.

356.

ASILE D'ALIÉNÉS DE VAUCLUSE,

A ÉPINAY-SUR-ORGE (SEINE-ET-OISE).

Plans.

M. LEBOUTEUX (Denis), architecte; prix de Rome, 1849.
M. MARÉCHAL (Henri), inspecteur.

357.

HOSPICE DES INCURABLES,

A IVRY, PRÈS PARIS.

Plans.

M. LABROUSTE (Théodore), architecte; prix de Rome, 1827; ✽ 1865; O. ✽ 1869.

M. Billon, inspecteur.

M. Ser ✠, ingénieur de l'administration de l'Assistance publique, professeur de physique industrielle à l'École Centrale des arts et manufactures.

M. Lelaurien, inspecteur.

FIN.